Vivre conscient et être libre

Éveil spirituel

l'Égo

Formation

Vivre conscient et être libre

Éveil spirituel

l'Égo

Frédéric Luhmer

©2023 Frédéric Luhmer

Photo 146675254 © Romolo Tavani | Dreamstime.com

Tous droits de reproduction, par quelque procédé que ce soit, d'adaptation ou de traduction, réservés pour tous pays.

Je dédie ce livre à toutes les âmes que j'ai croisées tout au long de mon parcours, celles qui ont partagé avec moi leurs expériences et m'ont ouvert les yeux sur les chaînes qui entravent notre liberté.

En particulier, cette dédicace s'adresse aux stagiaires qui ont traversé les portes de mon enseignement depuis 2012 et qui, avec détermination, sont devenus des Maîtres de l'Énergie et de la connaissance de soi. Chacun de nos moments passés ensemble a contribué à mon propre cheminement, m'aidant à approfondir ma compréhension de l'enseignement spirituel, indépendamment de toute affiliation religieuse. Cet enseignement vise avant tout à guider vers une existence consciente, affranchie des entraves, et à la reconquête totale de son pouvoir sur sa propre vie.

Que les pages de ce livre résonnent comme une ode à la liberté intérieure, à la prise de conscience et à la maîtrise de soi. Puissent-elles inspirer chacun d'entre vous à poursuivre votre voyage vers la réalisation de votre plein potentiel, en éradiquant les barrières qui limitent votre épanouissement. Votre présence dans ma vie a été le moteur de mon propre développement, et c'est avec une profonde gratitude que je vous offre ces mots, témoignages de notre voyage commun vers la lumière.

Avec toute mon affection,

Frédéric

Table des matières

Introduction..9
Présentation de l'Égo..18
Conscient...34
    Vivre l'instant présent..36
    Être conscience d'être la Conscience.........................52
L'ego et le Lâcher-Prise – Naviguer Vers la Liberté
Intérieure..68
    Le Piège de la Résistance..70
    La Liberté du Non-Attachement................................72
    Pratiquer le Lâcher-Prise..74
        Conscience de l'Attachement :..............................74
        Acceptation et Lâcher-Prise :................................75
        Cultiver la Flexibilité :..75
        Vivre dans le Moment Présent :............................76
        Pratiquer la Méditation et la Respiration :............76
    Le Lâcher-Prise et la Liberté Intérieure....................78
    Conclusion...80
L'ego et la liberté d'être heureux....................................87

Introduction

Ce livre, je l'ai conçu pour être accessible aux adultes dyslexiques. Pour cette raison, la taille des caractères est de 16, la police est sobre et adaptée, et l'espacement entre les lignes et les mots tient compte de leurs besoins. Pour tous les autres lecteurs, ce sera également une lecture aisée.

Cela fait plusieurs décennies que je recherche le moyen de vivre en toute liberté. Ma conception de la liberté a évolué, car elle englobe une multitude d'aspects.

Afin de bien distinguer ces aspects, j'ai divisé cette formation en plusieurs petits ouvrages. Vous pourrez plus facilement retourner à l'un d'eux pour relire un passage qui vous parle.

En tant qu'informaticien, j'ai les pieds solidement ancrés sur terre, tandis qu'en tant qu'enseignant en soins énergétiques, en canalisation et en éveil spirituel, j'ai la tête dans les étoiles.

Avec du recul, je crois que les stagiaires venus en Belgique, où je réside, de divers horizons, sont spécifiquement venus chez moi pour cette raison. C'est un équilibre entre l'ouverture, la pratique, l'expérience de l'intangible et de l'invisible, et l'ancrage dans le monde physique qui nous permet de vivre notre vie d'êtres humains incarnés en ce moment.

Pour certains, ce livre renforcera les connaissances de ceux qui sont déjà familiers avec le sujet qu'il aborde. Pour d'autres, il offrira un point de vue différent sur des idées qu'ils ont maintes et maintes fois explorées.

Enfin, pour certains, il représentera une découverte complète ou partielle.

Je tiens à rappeler l'objectif de cette formation : vivre libre, ce qui vous conduira à vivre en conscience.

En conscience du moment présent, mais également conscients que nous ne sommes pas la personne que nous croyons être, ce qui pourrait surprendre voire remettre en question nos propres croyances.

Je souhaite conclure cette introduction en partageant ce que disent mes amis, anciens stagiaires et autres connaissances. En formation orale, je suis excellent, mais à l'écrit, je suis bien moins compétent. Cela s'applique en particulier en se basant sur le livre "Amour Divin" que j'ai reçu par canalisation ou écriture automatique (encore disponible).

Ainsi, je me présente humblement devant vous à travers ce livre, dans le but de tenter de vous transmettre ce que j'ai appris et enseigné verbalement à de nombreux stagiaires.

Le livre est imprimé localement dans votre pays par Amazon, évitant ainsi les voyages en avion entre la Belgique et le Québec ou la Nouvelle-Calédonie. Il est imprimé à la demande, ce qui permet surtout d'éviter, pour ce type de formation, que vous ayez à vous déplacer jusqu'en Belgique.

À travers cette démarche, j'espère contribuer à réduire l'empreinte du transfert de savoir.

N'oubliez pas de laisser 5 étoiles si le livre vous a plu, accompagnées d'un commentaire sur ce qu'il vous a apporté.

Merci.

Je vous aime

Frédéric

Présentation de l'Égo

Plusieurs sages du développement personnel ont écrit qu'il est nécessaire de réduire l'importance de l'égo dans nos vies.

L'un d'entre eux, avec lequel je suis totalement d'accord, a déclaré à la fin de son incarnation terrestre qu'il avait compris qu'il fallait supprimer l'égo plutôt que de simplement le réduire au silence.

Dans la littérature de développement personnel, on évoque souvent une petite voix qui nous pousse à prendre des décisions souvent désastreuses.

Parfois, elle est décrite comme un personnage assis sur notre épaule, nous disant par exemple : "Achète cette voiture, elle est bien meilleure... Tes voisins seront jaloux..."

Je vais vous fournir une explication très simple de l'égo. Par défaut, à moins d'avoir atteint un véritable éveil spirituel ou d'avoir poursuivi un développement personnel approfondi, l'égo définit votre existence humaine, physique et votre vie quotidienne.

Évidemment, il ne détermine pas vos émotions, vos ressentis... quoique (nous en reparlerons une autre fois. Il faudrait un autre livre entier pour en discuter).

Disons que l'égo correspond par défaut à votre identité incarnée.

Imaginez que nous soyons onze personnes dans la salle de formation chez moi et que, le premier jour de la session, je propose un tour de table pour les présentations.

Je demande à chacun de se présenter.

Voici en gros ce qui est généralement dit dans 99 % des cas :

"Je suis Madeleine, mariée, mère de deux enfants."
"Je suis actuellement Directrice chez xxx, mais je souhaite changer de vie et me tourner vers les soins énergétiques..."
"J'ai suivi des formations en xxxx."
"J'ai déjà lu xxxx et maintenant je me sens prête à aller plus loin dans ma quête de conscience."
Chaque personne s'identifie donc par son prénom, son état civil, son

emploi, son parcours, ses lectures, etc.

La onzième personne à prendre la parole, c'est moi, et je me présente : JE SUIS.

L'origine de "JE SUIS" ou "I AM" remonte aux temps anciens, lorsque Dieu se manifesta aux hommes au sommet d'une montagne sacrée. C'est là que la présence divine prit cette forme énigmatique et puissante. L'expression "JE SUIS" incarne l'essence même de l'existence, la conscience de soi et de l'univers entrelacées, un rappel de la source de toute création. Telle une lumière émanant des hauteurs célestes, "JE SUIS" résonne à travers les âges comme un appel à la découverte de notre véritable nature et à la connexion avec le divin. Je reviendrai sur ma réponse dans le chapitre suivant.

À ce stade, nous pouvons définir quelques aspects de l'égo, car il est intéressant de le démasquer, car il vous fait croire en des choses qui ne sont pas vous :

Le travail (je suis mécanicien)
Le lieu de résidence (je suis Belge)
Les possessions (j'ai une villa à quatre façades)
Les croyances (je suis musulman, chrétien, etc.)
La culture (je suis Wallon, Breton)
La réputation (je suis le meilleur chirurgien traumatologique de cet hôpital)

Voici une liste plus complète pour votre information.

1. Identité personnelle : L'ego crée une image de soi basée sur les rôles sociaux, les expériences passées et les croyances, influençant ainsi la perception de notre propre individualité.

2. Attachement au passé et à l'avenir : L'ego s'accroche aux souvenirs, aux regrets et aux désirs futurs, empêchant souvent de vivre pleinement dans le moment présent.

3. Comparaison et compétition : L'ego cherche constamment à se mesurer aux autres, créant un sentiment de supériorité ou d'infériorité en fonction des accomplissements et des possessions.

4. Besoin de validation : L'ego recherche l'approbation et la reconnaissance extérieures pour se sentir valorisé et en sécurité.

5. Peur et insécurité : L'ego génère des craintes liées à

l'incertitude, au jugement des autres et à l'échec, influençant nos choix et nos actions.

6. Contrôle et pouvoir : L'ego cherche à dominer les situations et les personnes pour maintenir un sentiment de contrôle, même lorsque cela n'est pas nécessaire.

7. Résistance au changement : L'ego préfère la familiarité et résiste aux transformations, même si elles sont nécessaires pour la croissance personnelle.

8. Besoin de se justifier : L'ego peut pousser à expliquer et à rationaliser nos actions, même lorsque cela n'est pas essentiel, pour préserver notre image.

9. Rumination mentale : L'ego alimente la rumination sur les pensées et les événements passés, contribuant à l'anxiété et au stress.

10. Étiquetage et catégorisation : L'ego tend à diviser le monde en catégories binaires, créant des séparations et des préjugés.

11. Autodéfense excessive : L'ego peut réagir avec « défensivité » face aux critiques ou aux défis, même lorsque cela n'est pas justifié.

12. Identification aux désirs : L'ego crée une forte identification avec les désirs et les plaisirs sensoriels, entraînant parfois une recherche incessante de gratifications.

13. Rigidité mentale : L'ego peut restreindre la pensée créative et

l'adaptabilité en s'accrochant à des croyances et des schémas de pensée limitants.

14. Préoccupation de soi excessive : L'ego peut générer une focalisation excessive sur soi-même, créant une incapacité à reconnaître les besoins des autres.

15. Perfectionnisme : L'ego peut exiger des normes irréalistes de perfection, conduisant à la frustration et à la dévalorisation

lorsque ces attentes ne sont pas atteintes.

16. Attachement aux émotions : L'ego peut entraîner une identification aux émotions, empêchant une compréhension profonde et une gestion saine des sentiments.

17. Narration intérieure incessante : L'ego maintient souvent une narration continue dans l'esprit, créant du bruit mental et perturbant la paix intérieure.

18. Réactivité : L'ego peut provoquer des réactions impulsives aux situations, sans prendre le temps de réfléchir.

Je ne vous interrogerai pas dessus ... Cette liste je vous la met pour information afin que vous ayez une vue panoramique de tous les aspects de l'égo.

En final, vous pouvez retenir que l'égo est par défaut tout ce qui vous définit si vous n'êtes pas conscient. Mais conscient de quoi ?

Conscient

Il y a deux aspects à étudier sur la notion de « conscient ».

Le premier, le plus courant : Vivre l'instant présent.

Le second : Être conscience d'être la Conscience.

Vivre l'instant présent

Pour vivre pleinement le moment présent, il est essentiel de créer un espace entre l'expérience, ce que vous percevez, et vous-même en tant qu'observateur de votre corps interagissant avec le monde physique.

Imaginez votre conscience comme le réalisateur d'un film, et votre expérience physique comme le rôle d'un acteur.

À tout moment, le réalisateur peut interrompre la scène de l'acteur.

Prenons l'exemple où vous êtes à table avec un ami et que vous discutez d'un sujet sensible tel que les solutions techniques face au dérèglement climatique, et vous commencez à vous opposer.

C'est en fait un jeu d'acteur qui se joue. Vous n'êtes en aucun cas les deux personnages en train de se disputer. Vous n'êtes pas la colère, vous n'êtes pas les arguments, ni la frustration de ne pas pouvoir avoir raison.

Le réalisateur, lui, observe cet acteur (vous) en train de se disputer, de s'énerver, de se frustrer, de se refermer, ou d'adopter toute autre attitude, émotion, action ou parole.

Le réalisateur peut dire "Couper." Il existe trois mots magiques : "Tu as raison." Cela peut calmer tout le monde en donnant raison à l'autre. Votre ego peut ne pas être d'accord, mais qui est aux commandes ici ? Le réalisateur. La conscience.

Pour vivre l'instant présent, il est crucial de ne jamais se laisser confondre, de ne jamais laisser usurper notre identité. Nous ne sommes pas l'acteur qui ressent de la colère, mais nous sommes le réalisateur.

L'acteur représente l'ego qui nous fait croire que nous sommes lui. Bien sûr, c'est facile pour lui, car nous sommes ceux qui sont assis en face de notre ami, et nous sommes ceux qui ressentent cette frustration de ne pas réussir à faire comprendre à l'autre qu'il a tort, et que les solutions techniques dans un monde de ressources de plus en plus rares ne résoudront pas tout.

Probablement, si vous croyez au progrès comme la plupart des gens, votre ego a réagi en disant : "Oui, mais tout de même, il n'a pas tout à fait raison, il suffirait de trouver une nouvelle source d'énergie ou de nouveaux matériaux, et le progrès prévaudra." Mais cela n'a pas d'importance ! C'est juste votre ego qui a réagi.

Pour vivre en liberté, car c'est l'objectif de cette formation divisée en plusieurs livres, il est essentiel de vivre en tant que réalisateur tout en ayant une expérience en tant qu'acteur.

Je vois des gens qui passent à côté de leur vie incarnée, une vie physique avec tout ce qu'elle peut offrir en termes de plaisir et de bonheur. Le surnom sympathique "Namastés Chaussettes" est attribué à ceux qui ne sont pas enracinés, qui portent d'énormes chaussettes multicolores lors de stages et qui ne disent plus bonjour, mais "Namasté".

"Namaste" est un terme couramment utilisé en Inde et dans les cultures hindoues pour saluer quelqu'un. Sa signification profonde va au-delà d'un simple salut. Il exprime une reconnaissance de la divinité présente en chaque individu, et il peut être traduit de manière générale comme "Le divin en moi salue le divin en vous."

Lorsqu'on dit "Namaste", on reconnaît la connexion spirituelle qui unit tous les êtres humains et on honore la présence de la conscience divine en chacun. C'est un rappel de notre nature essentielle commune, au-delà des différences extérieures telles que le statut social, la culture, la religion, etc.

En utilisant "Namaste", on témoigne d'une humilité et d'une ouverture d'esprit envers les autres, en reconnaissant que chacun est porteur de lumière et de divinité. C'est un acte de respect et d'amour envers soi-même et envers les autres, basé sur la compréhension profonde que nous sommes tous interconnectés sur le plan spirituel.

En somme, je résume ainsi ce mot quand je l'enseigne : "Le Dieu en moi salue et reconnaît le Dieu en vous."

Cela équivaudrait également à ce qu'une personne décide consciemment de ne plus se présenter ou de saluer en tant qu'acteur, mais en tant que réalisateur l'autre personne, reconnaissant le réalisateur qui l'habite.

Pour vivre en liberté, il faut créer un moment de veille à chaque instant, un espace entre ce qui se déroule à chaque moment et nous, en tant qu'observateur de la scène en train de se dérouler.

Quel est le lien avec la liberté ?

Imaginez que vous deviez choisir une voiture pour vous déplacer pendant 30 minutes chaque matin et soir. Conduire une voiture bon marché n'est peut-être pas aussi excitant qu'une voiture allemande de luxe.

Supposons que vous puissiez choisir librement le modèle grâce à un prêt.

Des critères de confort, d'écologie et de sécurité sont à considérer. Mais doit-on également tenir compte du statut social ? Que vont penser vos voisins, vos amis, vos enfants ?

Si vous êtes libéré de l'ego, vous ne vous poserez même pas cette question. Vous saurez que votre statut social est bien plus déterminé par vos actions positives que par votre voiture. Tout le monde s'accorde à dire que "la petite" Mère

Teresa a atteint le statut le plus élevé qu'un être humain puisse incarner en consacrant sa vie aux autres, mais elle ne s'identifiait en aucune manière à ses possessions ni à l'opinion des autres à son égard. Elle vivait dans l'inspiration.

Allez-vous danser à ce mariage, à cette soirée ? Si vous n'osez pas danser seul lorsque la piste est vide, vous n'êtes pas libre de votre ego qui se manifeste cette fois sous la forme de "Qu'est-ce que les autres vont penser ?"

Si vos émotions changent dès que quelqu'un vous contredit ou vous fait une remarque, vous n'êtes pas libre. Cette remarque ne vous concerne pas. Elle concerne l'acteur qui joue le rôle d'humain et qui peut parfois se tromper. Vous êtes le réalisateur, la conscience, qui observe l'acteur. Le réalisateur n'est jamais en cause.

Devenir libre de l'ego est un processus qui se développe avec le temps. Il s'agit de vous observer vivre votre vie plutôt que de simplement la vivre. C'est ainsi que l'on fait disparaître ou que l'on élimine définitivement l'ego.

Si vous tentez de réfuter chaque aspect de l'ego en essayant de le réduire au silence ou de le faire parler le moins possible et le moins souvent, vous perdrez la guerre, même si vous remportez quelques batailles. D'abord, essayer, c'est échouer. On le fait ou on ne le fait pas. Ensuite, et surtout, atténuer l'ego revient à admettre qu'il dirige votre vie. Cela lui donne une substance, un rôle. Celui d'un imposteur qui vous fait croire que vous êtes lui.

La seule solution, la seule approche réaliste, consiste à apprendre chaque jour à laisser un espace entre vous, conscience, et le mental, les émotions, les pensées qui pilotent votre vie pour interagir dans le monde incarné, dans notre monde.

Lorsque nous sommes en stage énergétique, nous apprenons aussi à ouvrir notre cœur pour envoyer en permanence l'Énergie d'Amour dans chaque situation de la vie. Là encore, ce n'est pas l'ego qui agit, mais bien la conscience qui ordonne à l'acteur d'agir de cette manière.

Vivre en liberté, c'est sortir de l'illusion. L'illusion de croire que nous sommes cette expérience humaine.

Être conscience d'être la Conscience.

La première partie aborde l'importance d'être présent à chaque instant pour éviter de s'identifier à une action ou à un événement en cours.

Ce deuxième aspect de la conscience est plus "spirituel", bien que je ne sois pas fan du terme. Ce que je veux dire, c'est qu'il vous demandera d'être ouvert et prêt.

En tant qu'informaticien universitaire, je suis suffisamment rationnel pour partager ce qui découle d'observations vérifiables, ainsi que ce qui relève de croyances, exactes ou non, mais non vérifiables.

Un fait indéniable est que l'ADN de tout être vivant, qu'il s'agisse de plantes, d'animaux, d'humains ou d'autres, porte les plans de nos organes et de nos structures cellulaires.

De même, il est évident que pour grandir, exister, se reproduire, vivre, il faut qu'une énergie de vie, une énergie vitale, habite ou traverse cet être cellulaire, le transformant ainsi en être vivant.

La somme des innombrables interactions, structures et forces qui régissent notre Univers est d'une telle précision que l'idée que tout cela résulte du pur hasard semble peu crédible. Les lois de la physique, les constantes universelles et les mécanismes subtils qui maintiennent l'équilibre témoignent d'une orchestration complexe et méticuleuse.

De plus, l'apparition et la diversité de la vie sur notre planète, des formes les plus microscopiques aux organismes les plus complexes, suggèrent une harmonie et une coordination qui dépassent le simple hasard. Les intrications sophistiquées entre les écosystèmes, les cycles de la nature et la symbiose entre les êtres vivants révèlent une symphonie d'interrelations habilement conçue.

Dans ce contexte, l'idée que notre monde ait émergé uniquement par l'alignement fortuit des événements semble insuffisante pour expliquer la complexité et la diversité que nous observons. La précision mathématique qui régit la structure de la matière, les phénomènes célestes, voire les plus petites particules subatomiques, suggère plutôt l'existence d'une intelligence organisatrice à l'œuvre.

En somme, la symétrie et la cohérence profondes qui caractérisent notre Univers laissent entrevoir une réalité qui transcende le simple hasard. Notre monde semble découler d'un ordre inhérent et d'une orchestration mathématique délibérée, conduisant à la conclusion que l'Univers et ses éléments ne sont pas simplement le produit d'un pur hasard, mais plutôt le fruit d'une conception intelligente et complexe.

Ceci étant dit, laissons les éléments observables pour aborder les aspects plus spirituels. Laissez-moi vous conduire dans les étoiles, dans le domaine de la spiritualité.

Imaginons que la Source, Dieu ou l'Univers, soit cette énergie qui traverse tout ce qui vit, qui soutient la vie, qui habite chacun de nous. Ainsi, il n'y a aucune séparation entre la Source/Dieu et nous. Nous sommes cette énergie.

Prenons un instant pour imaginer que vous êtes cette énergie qui, en ralentissant sa vibration, crée la matière et tout ce qui existe. Quel genre de savoir auriez-vous envie d'acquérir ? Quelle expérience voudriez-vous vivre ? À sa place, je serais curieux de découvrir ce que cela fait de respirer, de boire de l'eau, de faire l'amour, de manger des fruits ; bref, d'explorer toute la création.

Supposons un instant que cette énergie intelligente qui soutient la vie est déjà en nous, qu'elle est un aspect de la réalité. La Source pourrait dire : "J'aimerais savoir ce que ça fait de surfer." Elle pourrait créer une émanation d'elle-même, sans séparation, sinon elle ne disposerait pas des informations nécessaires, et elle pourrait descendre sa fréquence jusqu'à s'incarner dans un corps sous la forme d'une âme. Le corps, en fin de compte, accomplirait sa mission en libérant l'âme quelques décennies plus tard.

Voici donc l'hypothèse que j'ai enseignée pendant de nombreuses années : la Source crée des émanations d'elle-même, réduit sa fréquence ou se projette dans des dimensions plus proches de nous pour s'incarner en âmes dans tout ce qui vit.

Imaginons maintenant que cette hypothèse ne soit pas vraie. Cela signifierait qu'il existerait de l'ADN de cellules souches, capable de se transformer en plantes, en animaux, en humains, sans nécessité d'une énergie vitale. C'est impossible ! Il n'y a aucun endroit vivant où cette énergie intelligente qui soutient la vie ne serait pas présente.

Je suis presque certain que cette explication est très plausible. Vous, moi et tout ce qui vit sommes la Source, non séparés les uns des autres ni de la Source "Unique".

Parmi les millions de personnes ayant vécu une expérience de mort imminente (NDE), de nombreux éléments inexplicables ont été observés. Ils nous poussent à admettre qu'une conscience continue d'exister. Une conscience capable de se déplacer où elle le souhaite, sans distance, capable de se projeter à n'importe quel moment sans considération du temps. Je reviens sur un exemple dans mon livre "Amour Divin" où une personne en coma a guéri d'un cancer de stade 4 après avoir communiqué avec sa famille décédée.

Il n'y aura jamais suffisamment de preuves pour convaincre tout le monde. Cela n'est pas mon but.

Pour moi, vous, moi, nous sommes la Source incarnée, expérimentant sa création.

Revenons à la conscience, mais cette fois non pas en tant que réalisateur, mais en tant que Source.

À chaque instant, vous pouvez être conscient d'être la Conscience. Il ne s'agit plus de se perdre dans le rôle de l'acteur, mais plutôt de laisser suffisamment d'espace pour observer et maintenir la conscience ou la présence d'esprit d'être la Conscience avec un "C" majuscule.

L'ego nous empêche d'agir, nous frustre et nous coupe de notre capacité à vivre librement cette pièce qu'est la vie.

Si vous savez intimement, à un niveau spirituel, que vous êtes la Source, Dieu, comme tout ce qui est, comme l'araignée ou la plante, vous ne pouvez plus vous identifier à l'ego.

Il existe des méthodes énergétiques pour vous rappeler votre véritable nature autrement que par le mental. Depuis 2012, j'ai formé des praticiens pour qu'ils puissent transmettre cette énergie divine par les mains, par le cœur, en présence ou à distance. Lorsque l'on pratique, il n'y a plus de place pour le doute quant à l'existence d'une réalité différente et à la façon dont l'ego nous enchaîne dans un monde illusoire de peur, nous coupant ainsi de l'Amour Universel, inconditionnel et infini.

Pour vivre librement, il suffit de vous rappeler quelle est votre véritable nature.

Comment pourriez-vous être frustré lorsque vous savez qui vous êtes réellement ?

Pour moi, vivre libre commence par reconnaître notre véritable nature.

Bien sûr, il existe de nombreux autres aspects de la liberté, en plus de l'ego qui dirige nos vies. En particulier, il y a la liberté financière, la liberté face à nos croyances, nos émotions...

J'ai découpé en plusieurs petits livres par souci de clarté et d'organisation. Certaines personnes s'intéressant principalement à la liberté financière pourraient ne pas être intéressées par l'idée d'être la Source. Et inversement, des personnes non ancrées pourraient se désintéresser du livre qui traite de l'argent.

L'ego et le Lâcher-Prise – Naviguer Vers la Liberté Intérieure

Le lâcher-prise, c'est comme relâcher la prise ferme que nous avons sur les rênes de notre vie. C'est une invitation à abandonner nos attentes rigides, nos attachements et nos résistances, et à embrasser la fluidité de l'existence. Dans ce chapitre, nous allons explorer en profondeur le concept de lâcher-prise, son importance pour notre quête de liberté intérieure et les étapes pour intégrer cette pratique dans notre quotidien.

Le Piège de la Résistance

L'une des principales façons dont l'ego maintient son emprise sur nous est à travers la résistance. Nous résistons au changement, aux émotions inconfortables, aux expériences nouvelles et aux idées qui menacent notre zone de confort. Cette résistance crée des tensions internes et maintient notre esprit captif, incapable de s'ouvrir aux possibilités.

Imaginez-vous dans un cours d'eau tumultueux. Si vous luttez contre le courant en vous accrochant à des rochers, vous vous épuisez rapidement. Cependant, si vous vous abandonnez au courant, vous flottez en harmonie avec lui. De la même manière, le lâcher-prise nous permet de flotter en harmonie avec le flux de la vie plutôt que de lutter contre lui.

La Liberté du Non-Attachement

Le lâcher-prise ne signifie pas que nous abandonnons nos responsabilités ou que nous devenons indifférents. C'est plutôt la **libération** de notre **dépendance émotionnelle** envers les résultats. L'ego nous pousse souvent à nous attacher aux résultats futurs, qu'il s'agisse de succès, d'approbation ou de sécurité matérielle. Cet attachement crée de l'anxiété et nous éloigne de notre capacité à vivre pleinement l'instant présent.

En lâchant prise de nos attachements, nous découvrons une nouvelle forme de liberté. Nous trouvons la paix en acceptant que le futur est incertain et que nous ne pouvons pas tout contrôler. Nous commençons à vivre avec un cœur ouvert et une présence accrue, en permettant à la vie de se dérouler naturellement plutôt qu'en essayant de la contraindre.

Pratiquer le Lâcher-Prise

Le lâcher-prise est une pratique quotidienne qui nécessite patience et conscience. Voici quelques étapes pour vous aider à intégrer le lâcher-prise dans votre vie :

Conscience de l'Attachement :

Prenez du recul et observez où vous êtes attaché émotionnellement. Identifiez les domaines où la résistance et l'attachement vous causent du stress.

Acceptation et Lâcher-Prise :

Acceptez la réalité telle qu'elle est, même si elle ne correspond pas à vos attentes. Pratiquez lâcher prise en reconnaissant vos émotions et en les laissant passer sans jugement.

Cultiver la Flexibilité :

Adoptez une attitude de flexibilité face aux changements et aux imprévus. Soyez ouvert à l'idée que les choses peuvent ne pas se dérouler comme vous l'aviez prévu.

Vivre dans le Moment Présent :

Portez votre attention sur l'instant présent plutôt que de vous perdre dans des préoccupations passées ou futures. Le moment présent est le seul endroit où la vie se déroule réellement.

Pratiquer la Méditation et la Respiration :

La méditation et la respiration consciente sont d'excellents outils pour cultiver le lâcher-prise. Elles vous aident à vous recentrer et à développer une plus grande conscience de vos pensées et émotions.

Le Lâcher-Prise et la Liberté Intérieure

Le lâcher-prise est une voie vers une plus grande liberté intérieure. En laissant aller nos attachements et nos résistances, nous élargissons notre perspective et notre capacité à répondre avec sagesse aux défis de la vie. Nous apprenons à naviguer avec grâce à travers les hauts et les bas, sans être submergés par eux.

Le lâcher-prise nous rappelle que nous ne sommes pas définis par nos circonstances extérieures. Nous découvrons une profonde stabilité intérieure qui ne dépend pas des succès ou des échecs. Cette stabilité nous permet d'aborder la vie avec une plus grande légèreté et un cœur ouvert.

En relâchant progressivement l'ego de son contrôle sur nos pensées et nos actions, nous nous ouvrons à un espace de liberté où la paix, la joie et la créativité prospèrent. Le lâcher-prise nous libère de la tyrannie de l'ego, nous permettant de vivre plus pleinement et authentiquement.

Conclusion

Le lâcher-prise est un chemin vers une liberté profonde et durable. En embrassant cette pratique, nous nous ouvrons à une nouvelle perspective sur la vie, où les défis sont vus comme des opportunités de croissance et où la liberté intérieure est notre état naturel. En abandonnant l'attachement au contrôle, nous découvrons que la véritable liberté réside dans la capacité à accueillir chaque moment avec une présence éveillée et un cœur ouvert.

Dans mes stages, je prends soin d'ajouter que si vous avez l'impression de lâcher prise, alors il est probable que vous y soyez encore particulièrement attaché. Sinon, le lâcher prise se ferait de manière naturelle, sans nécessité d'en discuter, car il découlerait naturellement de votre état d'être.

Dans la vie quotidienne, nous sommes souvent en proie à des fluctuations émotionnelles. Les philosophies spirituelles nous exhortent à maintenir un équilibre constant, à vivre au centre de la roue, sans être emportés par les hauts et les bas. J'ai moi-même expérimenté cet axe fixe pendant un certain temps. Cependant, cela peut se traduire par une sorte de mort clinique de notre vécu, car ce qui rend la vie extraordinaire ce sont justement ces moments de joie intense et de réalisation profonde. Ces sommets contrastent si merveilleusement avec les vallées que nous avons pu traverser, créant ainsi une perspective éclairée sur notre parcours.

La clé réside dans le fait d'être constamment conscient de notre nature en tant que Conscience, tout en plongeant pleinement dans l'expérience de la vie incarnée, avec toutes les offrandes qu'elle a à nous faire.

En ce qui concerne le changement, il est au cœur même de l'existence. S'attacher aux choses est en effet la racine de nombreuses souffrances. Le bouddhisme, par exemple, cherche à éviter la souffrance en nous enseignant à reconnaître que le changement est la nature fondamentale de l'existence. Nos enfants grandissent, notre partenaire évolue, tout comme nous-mêmes. Le changement est notre compagne quotidienne. S'agripper à ce qui est éphémère et impermanent crée une des plus grandes illusions qui soit.

La vérité est que la vie est une danse constante de transformation. En reconnaissant cette réalité, nous pouvons apprendre à apprécier chaque instant tout en relâchant nos poignées crispées sur ce qui est destiné à changer. Cette réalisation nous libère d'une grande part de la douleur que nous infligeons à nous-mêmes en résistant à ce mouvement naturel de l'existence.

La sagesse réside dans la capacité à embrasser le changement avec grâce, à être témoin de sa fluidité et à trouver la paix dans cette danse éternelle. En cultivant un esprit ouvert et un cœur détaché, nous sommes mieux préparés à naviguer à travers les eaux tumultueuses du changement, tout en nous ancrant dans la certitude de notre nature profonde en tant que Conscience inébranlable.

L'ego et la liberté d'être heureux

Le lien entre l'ego et le bonheur est une corde délicate à explorer, car souvent, ils semblent danser ensemble sur la scène de nos vies. Cependant, une compréhension profonde de cette relation peut nous guider vers une véritable liberté intérieure et un bonheur durable.

L'ego, avec ses tentacules insidieux, peut souvent nous conduire sur des chemins tortueux dans notre quête du bonheur. Il nous persuade que le bonheur réside dans l'acquisition de biens matériels, la réalisation de succès extérieurs ou la validation constante des autres. Il nous incite à jouer le jeu de la comparaison, nous mesurant aux autres pour déterminer notre propre valeur. Cette course effrénée pour atteindre une image idéalisée de nous-mêmes nous laisse souvent essoufflés, insatisfaits et finalement désillusionnés.

Pourtant, le bonheur authentique ne peut pas être confiné aux limites étriquées de l'ego. Il ne peut pas être trouvé dans le battage médiatique ou dans la quête incessante de reconnaissance extérieure. Le bonheur durable n'est pas soumis aux humeurs fluctuantes de l'ego. Au contraire, il est profondément ancré dans la reconnaissance et la réalisation de notre divinité intérieure, au-delà des rôles et des masques que l'ego aime revêtir.

Le bonheur émane de la conscience de notre être intérieur, qui ne dépend pas des circonstances extérieures. Il naît lorsque nous choisissons de vivre avec authenticité, d'embrasser nos vulnérabilités et d'honorer notre véritable nature. C'est un état d'esprit qui n'est pas déterminé par les succès ou les échecs du monde extérieur. Le bonheur découle de la paix intérieure et de la sérénité qui émanent lorsque nous nous libérons de l'emprise de l'ego.

Pour cultiver le bonheur véritable, il est essentiel de cultiver la gratitude, la compassion et la présence consciente. La gratitude nous permet de reconnaître les trésors cachés dans chaque instant, de célébrer les petites victoires et d'apprécier les cadeaux simples de la vie. La compassion, envers nous-mêmes et envers les autres, ouvre notre cœur et élargit notre perspective au-delà de l'ego. La présence consciente nous permet de nous immerger pleinement dans l'expérience du moment présent, sans être distraits par les ruminations et les préoccupations de l'ego.

Le chemin du bonheur et de la libération de l'ego n'est pas toujours facile, mais il est profondément gratifiant. En rejetant les fausses promesses de l'ego, nous ouvrons la porte à une vie épanouissante et significative. Le bonheur authentique n'est pas une destination lointaine à atteindre, mais plutôt un état d'être à cultiver chaque jour.

En résumé, l'ego peut être un obstacle au bonheur véritable en nous poussant vers des désirs superficiels et en nous piégeant dans un cycle d'approbation extérieure. Cependant, en reconnaissant les illusions de l'ego et en embrassant notre nature intérieure, nous pouvons accéder à un bonheur profondément enraciné et durable. Le bonheur authentique découle de la gratitude, de la compassion et de la présence consciente, nous guidant vers une vie épanouissante et significative.

Cette section a ravivé la différenciation cruciale entre le plaisir et le bonheur. Le bonheur, en effet, est étroitement associé à la quiétude, à la paix intérieure, tout en étant aligné sur un but dans la vie et en ayant une utilité sociale. Cependant, une nuance importante doit être apportée, une nuance qui découle d'une période d'introspection et de recul que j'ai entrepris après avoir animé de nombreuses formations depuis 2012. Ce livre, aujourd'hui, marque mon retour à la transmission après ces années de réflexion et d'évolution personnelle.

Cette transgression dans ma pensée a pour intention de vous rappeler ceci : Vous êtes incarné dans un corps physique pour expérimenter la vie. Votre choix est d'opter pour une existence libre ou entravée.
Cependant, il est tout à fait possible de vivre dans la liberté tout en

célébrant pleinement les plaisirs de la vie.

La subtilité avec ce qui précède réside dans le fait que les discours en développement personnel, et plus particulièrement en spiritualité, semblent généralement orientés dans une seule direction. Ils nous exhortent à chercher la paix intérieure et à délaisser les plaisirs éphémères. Il est indiscutable que notre corps requiert sa dose de dopamine, cette hormone du plaisir. Et il en réclamera toujours davantage, qu'il s'agisse de plus d'exercice physique, de plus de bière, de plus de moments intimes ou de plus de sensations fortes, pour obtenir son apaisement éphémère.

Comment l'ego, souvent inconscient, peut-il entraver votre vie ? Il n'y a absolument rien de mal à rechercher des plaisirs, comme celui de la sexualité. Le corps humain en a besoin, cette pulsion est inhérente à notre équilibre psychologique, et elle est une réalité partagée par tous les êtres vivants, existant pour perpétuer l'espèce. Qu'il s'agisse de plaisirs solitaires ou partagés, rien ne saurait être condamnable.

Cependant, si le plaisir sexuel devient un dictateur de votre existence, vous amenant à délaisser votre famille, vos amis ou vos aspirations, il s'agit là d'une prison bien réelle, bien que non identifiée comme telle. Nombre de jeunes, vers l'âge de 25-30 ans, renoncent à leurs rêves de voyages ou d'aventures solitaires, happés par le plaisir de la séduction en soirée. Mariage ou non, puis enfants, le tourbillon de la vie finit par les enfermer dans une réalité qu'ils n'ont pas nécessairement choisie.

C'est l'ego qui s'insinue ici, susurrant à l'oreille : "Elle est attirante, saute sur l'occasion, tu ne peux et ne veux pas rentrer seul ce soir." Voilà comment l'ego opère, jouant sur le plaisir immédiat, que ce soit par le biais de l'alcool ou de la sexualité.

Prenons l'exemple de l'alcool. Une soirée arrosée suivie d'une conduite en état d'ivresse peut mettre fin à une incarnation et libérer l'âme sur la route. Il ne s'agit pas là de juger si boire est bien ou mal, mais bien de reconnaître qu'il s'agit d'une expérience qui peut mener à la mort. Mais pour qui ? Pour quoi ? Qui pilotait alors ? Était-ce le réalisateur ou l'acteur ? Où était donc ce réalisateur qui a observé l'acteur perdre tout sens de la réalité, jusqu'à la catastrophe, en suivant les désirs impulsifs de l'ego ?

L'ego, par nature, contrôle votre existence par défaut si vous ne ménagez pas un espace suffisant entre vous en tant qu'observateur et l'acteur. Il vous faut prendre l'habitude de vous observer en train de vivre AU PRÉSENT. Les exemples abondent, où l'ego finira inéluctablement par saboter vos rêves et même votre vie. L'alcool, le sexe, la drogue sont quelques-unes des manifestations, mais sachez que l'ego peut aussi vous paralyser par la peur, vous empêchant d'agir, vous faisant passer à côté de la vie.

JE SUIS... Et qui êtes-vous en réalité ?

Si je suis conscient de mon essence de ma divinité.

Être libre, c'est vivre une liberté dénuée d'addictions, exempte de conditionnements.

L'ego, ce mécanisme de fonctionnement par défaut, ne prendra forme que si nous lui en donnons l'opportunité. Il ne peut subsister lorsque la Conscience est présente.

Même pendant les périodes où je dispensais des stages, il m'arrivait encore de me retrouver en boîte de nuit. Mais tandis que je me mouvais sur la piste de danse, j'étais conscient d'être la Conscience elle-même. Je visualisais le pont arc-en-ciel, l'Antahkarana. Je savais alors que chacun présent était une énergie vitale, une Source incarnée qui avait pris pour vrai toutes leurs expériences passagères.

Tout cela nous ramène à une question fondamentale. Sommes-nous cet individu isolé des autres, engagé dans une existence terrestre limitée ? Ou bien sommes-nous une essence infinie, expérimentant la vie terrestre en incarnant une âme sur cette planète ?

Faut-il croire en une Conscience supérieure qui, à travers la théorie de l'évolution ou la collaboration, a métamorphosé ce monde ? Ou alors, est-ce le fruit du pur hasard que tout fonctionne de manière si parfaite et harmonieuse ?

Si nous sommes ici pour vivre des expériences, pour appréhender l'existence dans toute sa diversité, alors festoyons. Célébrons nos amis, la nature, la Vie, les bons repas, les rencontres enrichissantes et toutes les facettes qu'offre notre civilisation. Cela dit, sans nuire aux autres formes de vie, eux aussi intrinsèquement liés à la Source.

Que je puisse choisir librement de boire un verre ou non, c'est une liberté précieuse. Que je puisse choisir librement une intimité, c'est magnifique. Que je puisse agir sans être entravé par le matraquage publicitaire, cela devient une liberté bienvenue et nécessaire. Chaque service, chaque divertissement, chaque objet a des répercussions sur l'environnement. Il nous faut donc agir en toute conscience.

Un autre livre, une autre formation, exploreront davantage en profondeur les mécanismes du conditionnement, cette force qui entrave notre liberté.

En ce qui concerne l'ego, l'essentiel réside dans le fait de ne pas être emporté dans le passé ou le futur, ni par des désirs incontrôlés. Au contraire, nous devons être présents, conscients, devenant les réalisateurs qui observent les acteurs.

Tout peut être expérimenté, mais certaines actions mettent fin à notre incarnation, tandis que d'autres nuisent à la planète, à nos compagnons de voyage non séparés.

Comment éclairez-vous vos actions ? Est-ce l'ego qui est aux commandes, agissant automatiquement, ou bien êtes-vous conscient de l'instant présent, de chaque choix que vous opérez ?

Se libérer de l'emprise de l'ego est un processus à la fois progressif, vous familiarisant avec le rôle d'observateur, et immédiat, car dès que vous êtes dans cet état de spectateur, dès que vous êtes Conscience s'incarnant et consciente d'elle-même, il n'y a plus de place pour l'ego.

Nous oscillons continuellement entre ces deux états.

Le choix de votre travail peut jouer un rôle crucial pour instaurer cette présence. Faites entrer la conscience et la présence dans vos réunions. Abandonnez la volonté d'avoir raison au profit du désir de vivre dans la joie, la paix et la conscience d'être incarné sur Terre, même si ce n'est que pour le claquement d'ailes d'un papillon. Quelques années plus tard, votre corps relâchera déjà son emprise sur l'âme, et vous aurez négligé la sensation d'être libre, affranchi de l'ego, des conditionnements, financièrement libre, libre sous toutes les formes possibles.

Cela fait des décennies que j'explore, analyse, étudie toutes les facettes de la liberté, et croyez-moi, l'argent n'est pas la seule chaîne.

Prenez par exemple le sexe. Il pousse certains à ne penser qu'à cela du matin jusqu'au soir, à la recherche de leur prochaine rencontre. Ils sont en mode automatique, pilotés par un ego déchaîné.

Et puis, il y a ceux qui sont obsédés par la réussite, parvenir à tout prix à l'argent, à la reconnaissance, à l'accès à toutes les possibilités. Ils ne sont pas libres, ils aspirent à la liberté, ignorant que la plus grande prison est d'abord l'ego.

J'espère que vous avez retrouvé des notions familières dans ce livre, que vous avez acquis de nouvelles perspectives et que pour certains, ceci est une nouvelle façon d'aborder les choses.

Vivez votre incarnation avec plénitude, dans une liberté totale.

Je vous exprime toute ma gratitude pour les 5 étoiles et les retours positifs que vous pourrez m'accorder. Cela me motive, m'encourage à continuer à partager.

N'oublions jamais... Le maître n'apparaît que lorsque l'élève est prêt. J'espère que ce livre est arrivé entre vos mains au moment propice.

L'absence de rencontres physiques, de partage en stage, est un brin frustrant. J'espère que ces évaluations positives me motiveront à publier rapidement la suite de la formation sur la liberté.

Je vous aime,

Namasté,

Frédéric

Printed in France by Amazon
Brétigny-sur-Orge, FR